KATHARINA KUNZ

Die Wachau erleben

wie noch nie

Servus

DAS GROSSE KLEINE BUCH 66

Ausblick von der
Starhembergwarte
auf die Donau

Inhalt

Blick von der Kanzel
am Vogelberg bei Dürnstein

Unsere Wachau

Die Wachau ist ein einziger Glücksfall.
Das enge Donautal zwischen Melk und Krems
ist gerade einmal 36 Kilometer lang, aber faszinierend
wie kaum eine andere Region.

Stolzes Weltkulturerbe und archaische Landschaft, strukturiert von Weinterrassen und geschmückt mit Kulturschätzen. Unbeirrbar durchzieht der mächtige Donaustrom die Talsohle zwischen Waldviertel und Dunkelsteinerwald. Viel Platz ist nicht neben den schroffen Felsen und auf den steil abfallenden Hängen, aber jeder Fleck ist gut genutzt: barocke Lesehöfe, Ruinen und Burgen, prunkvolle Stifte, Schiffsmeisterhäuser und romantische Schlösser, wohin das Auge blickt. Zwischen den Ufern pendeln Rollfähren, ab und an schnauft die Wachaubahn durchs Bild, die Marillenmarmelade leuchtet im Glas und alles lädt mit offenen Armen dazu ein, sich auf diese Landschaft gewordene Glückseligkeit einzulassen.

Ruine Aggstein

Römer und Ritter

❦

Zwischen Mauerskeletten und Denkmälern
begegnet einem immer wieder die wechselvolle
Geschichte der Wachau.

Da grüßen Fanny vom Galgenberg und Venus von Willendorf aus der Altsteinzeit. Der heilige Severin führt uns ans südliche Donauufer, nach Mautern, wo einst das römische Kastell Favianis die Nordgrenze des römischen Imperiums bildete. Die Erwähnung aus dem Jahr 470 n. Chr., dass sich Severin von Noricum *ad vineas* zurückzog, gilt als der älteste Nachweis für Weinbau in Mitteleuropa.

Im Jahr 830 bekam das Land seinen Namen: Der *Locus Uuahouua (Wahowa)* wurde urkundlich vom deutschen Kaiser Ludwig dem bayerischen Stift Niederaltaich geschenkt. 976 belehnte Kaiser Otto II. dann den Babenberger Leopold I. mit der bayerischen Mark und die 270 Jahre dauernde Herrschaft der Babenberger – mit Melk als Zentrum der Macht – begann.

Kriemhild aus dem *Nibelungenlied* machte in der Region genauso Station wie die Karolinger. Das Rittergeschlecht der Wachau waren allerdings die Kuenringer, die hier ab dem 11. Jahrhundert zu ungeheurer Macht gelangten. Die sagenumwobene Raubritterburg Aggstein zeugt noch heute von den „Hunden von Kuenring". Die Kuenringerfestung Dürnstein wiederum ist vor allem dafür bekannt, dass hier der englische König Richard Löwenherz im Jahr 1192 gefangen gehalten und der Sage nach von seinem treuen Sänger Blondel aufgespürt wurde.

Ruine Dürnstein

Blutige Vergangenheit

Unterwegs in der Wachau, stößt man immer wieder auf Geschichten und Zeichen kriegerischer Auseinandersetzung.

Nicht immer sind sie so amüsant wie jene Anekdote aus dem österreichischen Erbfolgekrieg, als sich bayerische und französische Truppen Dürnstein näherten. Die listigen Dürnsteiner malten ihre Brunnenrohre schwarz an und bliesen Rauch hindurch. Die Angreifer fürchteten sich vor den vermeintlichen Kanonenrohren und zogen von dannen.

An die Schrecken des Dreißigjährigen Kriegs gemahnen das Rote Tor in Spitz und das „Mandl ohne Kopf", eine Prangerstatue in Krems. Das Franzosendenkmal in Unterloiben wiederum erinnert an die blutige Schlacht von Dürnstein, bei der die vereinigten Russen und Österreicher 1805 den ersten Sieg über Napoleon errangen.

Die Anfänge
des Weinbaus

Es sind nicht die Kaiser und Könige,
die in der Wachau Geschichte schrieben,
sondern die Kirchen und Klöster.

Sie erkannten als Erste den Wert des Weins und bauten neben prächtigen Gotteshäusern auch mehr als 40 imposante Lesehöfe. Weinstöcke und Weinwissen kamen wie so vieles über die Donau ins Land. Die Mönche förderten den Bau der typischen Terrassen, bei dem Steine ohne Mörtel aufeinander geschlichtet wurden.

Diese Trockenmauern speichern heute noch tagsüber Wärme und geben sie in der Nacht ab, sie halten den Boden dahinter feucht und sind Lebensraum für vielerlei Tierarten. Ein besonders schönes Beispiel für die kunstvolle Terrassierung ist der Tausendeimerberg in Spitz: In guten Jahren brachte er 1000 Wachau-Eimer Ertrag, das sind 56.000 Liter Wein, die in Klosterkellern gelagert wurden.

Die Schiffsmeister organisierten den Handel auf der Donau, es bildeten sich Zünfte und an den Ufern entstanden Mautstellen und Marktplätze, Stein war ein wichtiger Hafen und Krems ein gefragter Handelsort.

Die Winzer wiederum unterstanden dem Regiment der Hofmeister, waren aber weit besser gestellt als mittelalterliche Bauern und hatten bereits sehr früh Bürgerrechte. Zwar gab es im ausklingenden Mittelalter auch immer wieder Fehden und Verwüstungen, doch der Handel sicherte der Wachau das Überleben und mit dem Tiroler Bildhauer und Maurer Jakob Prandtauer kam barocke Pracht ins Land.

Tausendeimerberg

Das Mariandl bringt Gäste

❧

*Hundert Jahre später entwickelte sich die Wachau
zum beliebten Ausflugsziel:*

Die Donaudampfschifffahrtsgesellschaft steuerte fast alle
Orte der Wachau an, die neue Wachaubahn brachte Bahn-
reisende und die Wachaumaler hielten ihre Eindrücke in
romantischen Bildern fest. Der große Aufschwung kam
freilich erst nach den Erschütterungen des Zweiten Welt-
kriegs. Der Heimatfilm *Hofrat Geiger,* seine Fortsetzung und
Neufassung halfen dabei tatkräftig mit. Und so machten
Maria Andergast und Waltraud Haas die Wachau zum Mari-
andl-andl-andl-landl.

Heute finden sich zunehmend Gegenstrategien zu aus-
uferndem Kommerz und Kitsch. Da werden Trockenmauern revitalisiert, versteckte Kirchen erforscht und wieder
Weingartenpfirsiche und Safran kultiviert. Kunstmeile und
Universitätscampus verleihen Krems urbanes Flair und

stromauf- und stromabwärts sorgen kulturelle Aktivitäten für Inspiration und Unterhaltung.

In Sachen Wein waren die Wachauer dank idealem Klima und großem Weinwissen ohnehin immer schon Vorreiter. Die Vinea Wachau leistete 1983 einen Qualitätsschwur und schuf die drei Kategorien *Steinfeder* mit zarter Säure und leichtem, fruchtigen Charme, *Federspiel* für nuancenreiche, klassische trockene Weine mit ausgeprägtem Charakter, und schließlich *Smaragd,* die Königsklasse.

Hotel Mariandl (Drehort des gleichnamigen Films)

Blick vom Vogelberg
bei Dürnstein

Illustre Reisebegleiter

Ob Weinseligkeit oder atemberaubender Ausblick,
Kuenringerfestung oder barocke Kirche,
Marillenkirtag oder Welterbesteig:

die Wachau bietet jede Menge Stoff für unvergessliche Momente und einzigartige Aufenthalte. Wir reisen in diesem Buch stromabwärts von Melk nach Krems und treffen Menschen, die diese Region am Leben halten, prägen und vorwärtstreiben. Wer der Einladung zu ihren Lieblingsplätzen folgt, wird bald merken: Die Glückseligkeit der Wachau ist ansteckend.

Pater Martin kümmert sich im Stift Melk um Kultur und Gäste

Vor 40 Jahren ist Pater Martin in den Benediktinerorden von Stift Melk eingetreten, und seit damals gestaltet er das „große gelbe Haus", wie er das barocke Meisterwerk auf dem Felsplateau über der Donau liebevoll nennt, mit. Auf seine Art, in der Jugendarbeit, in der Revitalisierung des Stiftsparks oder der Neugestaltung des Stiftskellers als Veranstaltungszentrum. Rund tausend Gäste besuchen täglich das Stift, das seit jeher ein wichtiges kulturelles und geistliches Zentrum Österreichs war und ist.

Stift Melk

Markgraf Leopold I. machte die Melker Burg 976 zu seiner Residenz, seine Nachfolger statteten sie mit wertvollen Schätzen und Reliquien aus, bis sie 1089 den Benediktinermönchen übergeben wurde. Über das von Baumeister Jakob Prandtauer und namhaften anderen Künstlern der Barockzeit von 1702 bis 1736 prunkvoll umgestaltete Stift könnte man endlos erzählen: von der Klosterbibliothek mit ihren wertvollen Handschriften oder dem Marmorsaal mit dem Deckenfresko von Paul Troger, vom Babenbergergrab, der Grabstätte des heiligen Koloman, der Altane mit Donaublick oder der prächtigen Kaiserstiege.

Pater Martin zieht sich gern auf die Orgelempore der prunkvollen Stiftskirche zurück, wo er die vollendete Barockbaukunst genießt: „Wenn ich hier in dem Winkel stehe, über mir der imaginäre Barockhimmel, unter mir der Kirchenboden, dann spüre ich, dass ich gar nicht so wichtig bin, dann relativiert sich alles und das ist von Zeit zu Zeit sehr gut so."

Stift Melk
Abt-Berthold-Dietmayr-Straße 1
3390 Melk
www.stiftmelk.at

Pater Martins Lieblingsplatz:
das ehemalige Servitenkoster von Schönbühel

> ### Info:
>
> *Am rechten Donauufer, 500 Meter flussabwärts von Schloss Schönbühel, standen einst auf einem Felsen die verwunschenen Ruinen einer Ritterburg. An dieser Stelle ließ Graf Conrad Balthasar von Starhemberg im Jahr 1666 eine unterirdische Kapelle getreu der Grabeskirche in Jerusalem errichten – der Grundstein für das spätere Servitenkloster, das 1980 mangels Nachwuchs geschlossen wurde.*

Sehenswert sind in dem Klosterensemble die mit Blumenranken verzierte Kirche zur hl. Rosalia, die Peregrinuskapelle mit den Fresken des Barockmalers Johann Bergl sowie die Geburtsgrotte und der Kalvarienberg. In der Pfarrkirche führt eine kleine Tür auf einen Balkon, von dem aus man einen fantastischen Blick über das Flusstal bis hin zu Stift Melk genießt. 1844 wurde von hier aus das Schiff mit Prinzessin Elisabeth von Bayern – der späteren Kaiserin Sisi – begrüßt.

Kloster Schönbühel

Gerhard Soukoup
fährt mit der Wachaubahn

Die goldfarbenen Triebwägen der Donauuferbahn schlängeln sich malerisch entlang des Flussufers durch die Wachau. Die Wachaubahn, wie der Zugverkehr zwischen Krems und Emmersdorf genannt wird, blickt auf eine hundertjährige Geschichte und nicht immer einfache Zeiten zurück. Gerhard Soukoup ist Wachaubahn-Experte, Dienststellenleiter, Vollbluteisenbahner und so etwas wie der Retter dieses Verkehrsmittels. In erster Linie rollen und dampfen die

Wachaubahn

Züge heute für Touristen und Bahnnostalgiker, aber zum Radtransport oder zu Zeiten von Hochwasser und Wachaumarathon ist der Schienenverkehr entlang der Donautrasse unersetzbar.

In der Monarchie wurden die Bahntrassen sehr behutsam in die Landschaft und die historischen Ortskerne eingebettet. Die 1909 eröffnete Strecke der Schmalspurbahn gehört zum Weltkulturerbe und steht mit all ihren Haltestellen, Bahnhöfen, Brücken und imposanten Viadukten unter Denkmalschutz.

Gerhard Soukoup kennt die Strecke wie kein Zweiter, sein liebster Abschnitt liegt zwischen Emmersdorf und Spitz, wo der Zug den kürzesten Tunnel Österreichs – den 12,43 Meter langen Teufelsteintunnel – durchfährt. Die kunstvolle Trassierung in erhöhter Lage bietet traumhafte Ausblicke auf den Donaustrom, die Weinberge und die kleinen Ortschaften. Sehr reizvoll ist auch eine Fahrt in den Abendstunden, mit Blick auf das beleuchtete Dürnstein oder die illuminierte Kirche von Weißenkirchen.

Wachaubahn
Fahrplan: *www.noevog.at/wachaubahn*

Übergroße Darstellung
der „Venus von Willendorf"
an ihrem Fundort

AN DIESER STELLE WURDE 1908
DIE 11 CM GROSSE, CA 30.000 JAHRE ALTE
AUS KALKSTEIN GEBILDETE STATUETTE
„VENUS VON WILLENDORF" GEFUNDEN

Gerhard Soukoups Lieblingsplatz:
der Fundort der Venus von Willendorf

Info:

Die berühmte Venus von Willendorf wurde 1908 bei archäologischen Ausgrabungen, die im Zuge der Bauarbeiten der Wachaubahn erfolgten, entdeckt. Sie befand sich in einem von acht Lagerplätzen von eiszeitlichen Jägern.
Die 11 Zentimeter große, üppige Frauenfigur ist etwa 29.500 Jahre alt und wurde in der Altsteinzeit mit Feuersteinwerkzeugen aus Kalkstein gehauen und dick mit roter Farbe bemalt.

Von der hübschen alten Haltestelle Willendorf führt der Weg entlang des Baches die Straße bergauf. Links lockt das Venusium-Museum samt Souvenirshop, rechts geht es zur Fundstelle der Venus von Willendorf. Nach ein paar Stufen stößt man auf die vergrößerte Nachbildung der altsteinzeitlichen Dame, einen gemütlichen Rastplatz mit Donaublick und interessante Informationen über steinzeitliche Funde.

Franz Reisinger erntet
Wachauer Marillen

Die Wachauer Marille ist Identitätsstifter, Gästemagnet und seit 1996 auch weltweit die einzige Frucht mit geschützter Ursprungsbezeichnung. Ob sie mit den Römern oder schon früher zufällig mit einem Floß in die Region gekommen ist, ist ungewiss. Die Winzer pflanzten jedenfalls immer schon Marillenbäume zwischen die Weinstöcke, aber

Wachauer Marillen

großflächig ausgesetzt wurde die orangefarbene Steinfrucht erst zu Beginn des 20. Jahrhunderts, nachdem die Reblaus dem Wein zugesetzt hatte. Eine Zeit lang war die Wachau ein einziger Obstgarten, dann wurde der Wein wieder erfolgreicher und die schwierige und wenig haltbare Marille zurückgedrängt.

Franz Reisinger hat sich dennoch für die Marille entschieden, denn: „Das ist eine ganz besondere Frucht, die kann was, die hat Kraft." Der ehemalige Gendarm ist ein spätberufener Obstbauer und produziert auch Edelbrände, Cidre, Nektar und Saft. In seinen Gärten stehen knapp 3000 Marillenbäume, alles alte, hocharomatische Sorten.

Das ganze Jahr über ist Franz Reisinger mit Bodenpflege, Baumerziehung und dem Ausdünnen der Früchte beschäftigt. Ende Juli steht er dann persönlich am Straßenrand und verkauft seine Marillen direkt vom Baum weg. Viel Arbeit steckt in dieser Ernte, und viel Angst vor ungünstiger Witterung, doch das Schuften und Zittern wird belohnt, wenn die Früchte herrlich saftig und doch mürbe, süß und doch leicht säuerlich schmecken, wie es eben nur Wachauer Marillen tun.

www.obsthof-reisinger.at

Franz Reisingers Lieblingsplatz: **der Jauerling**

Seit 2015 ist der Gipfel des Jauerling nach knapp 50 Jahren
wieder öffentlich zugänglich, das frisch renovierte Natur-
park-Gasthaus lockt mit einer aussichtsreichen Terrasse auf
den Hausberg der Wachau. In den mageren Wiesen des Na-
turparks wachsen rund 30 Orchideenarten, mit etwas Glück
kann man hier Eisvogel und Wiedehopf beobachten und
zusehen, wie die Smaragdeidechse, das Wahrzeichen der
Wachau, über die Trockenmauern huscht.

Kulturlandschaft bei Gossam,
Naturpark Jauerling

Reinhold Nothnagl
ist Donauschifffahrts-Experte

Entlang der Donau wurde schon vor Jahrhunderten reger Handel betrieben, auch die Vorfahren von Reinhold Nothnagl waren auf der Donau als Schiffsleute beschäftigt. Als Kind lauschte er den Erzählungen über Kettenschlepper, Schiffsmeister und Überfuhrzillen. Dieses Interesse mündete schließlich in ein eigenes Museum.

Im barocken Erlahof, dem ehemaligen Lesehof des bayerischen Stiftes Niederaltaich, ist heute das Schifffahrtsmuseum untergebracht, dem Reinhold Nothnagl von 1975 bis 2015 als Direktor vorstand. Detailreiche Schiffsmodelle, originelle Relikte, Handwerkszeug und Originalobjekte aus der Zeit der Holzschifffahrt und Flößerei ermöglichen eine Reise in die Zeit der Donauschifffahrt, als die Dampfmaschine noch nicht erfunden war.

Das Modell eines ungarischen Getreideschiffzuges zeigt beispielsweise, wie 2000 Jahre lang Lasten transportiert wurden: Auf dem Schiff lagern Getreidefässer mit rund 2500 Tonnen Gewicht. 30 Mann auf dem Schiff sowie 30 Mann und 60 Pferde auf dem Treppelweg mühten sich mit langen Seilen und Stangen ab, den Kahn stromaufwärts zu ziehen. Die Fahrt von Krems nach Spitz kam einer Tagesetappe gleich, von Wien nach Regensburg war der Schiffszug zwei Monate unterwegs.

Riesige Schleppkähne sind heute noch auf der Donau unterwegs, dazwischen Touristenschiffe und ab und zu auch hölzerne Zillen. Sehr empfehlenswert ist eine Fahrt mit einer der beiden Rollfähren, die mithilfe der Strömung zwischen Weißenkirchen und St. Lorenzen bzw. Spitz und Arnsdorf von Ufer zu Ufer pendeln.

Schifffahrtsmuseum Spitz
Auf der Wehr 21
3620 Spitz an der Donau
Mitte April bis Ende Oktober geöffnet
www.schifffahrtsmuseum-spitz.at

Touristische Schiffahrt:
Brandner Schifffahrt
www.brandner.at
DDSG Blue Danube
www.ddsg-blue-danube.at

Reiseschiff auf
der Donau bei Spitz,
im Hintergrund
die Ruine Hinterhaus

Reinhold Nothnagls Lieblingsplatz:
der Bergfried der Burg Hinterhaus

Info:

Von Spitz aus wandert man kurz entlang der Wachaubahntrasse und dann bergauf über felsigen Trockenrasen zur Ruine Hinterhaus. Der recht steinige Weg ist in 15 Minuten gut zu schaffen, von hier aus sieht man den kurzen Teufelsteintunnel übrigens besonders gut. Der Sage nach soll auf Burg Hinterhaus nächtens eine weiße Frau – eine betrogene Kuenringer-Gattin – ihr Unwesen treiben.

Der Spaziergang zur Burg aus dem 13. Jahrhundert ist ein Spaß für Kinder, die gern kraxeln und Verstecken spielen. In der Burgruine mit ihren vielen Mäuerchen, Höfen und unterschiedlichen Ebenen geht es über steile Stufen und durch enge Gänge den Bergfried empor. Der Aufstieg ist schwindelerregend, aber der Blick von oben entschädigt für alle Mühe. Der perfekte Platz, um den Schiffsverkehr auf der Donau zu beobachten.

Stefan Hick ist ein
Wachauer Gärtnermeister

Die Schätze der Wachau wachsen bei Stefan Hick im Topf. In seiner Gärtnerei neben der Donauuferstraße in Weißenkirchen kultiviert er Weingartenpfirsich, Mandel, Marille, Wein und Steinfedergras und bietet die alten Sorten als lebende Mitbringsel an.

Die kleine Gärtnerei setzt auf Qualität und Nischen: Neben pflanzlichen Gesundheitsprodukten und Wachauer Chili, der hier in sechs Schärfegraden gezogen, ausgepflanzt,

Marillenblüte
in der Wachau

getrocknet und vermahlen wird, sind das die Kulturpflanzen der Wachau. Stefan Hick topft etwa besonders resistente und veredelte Weinstöcke ein, seine Wachauer Bergweinrebe wächst bis zu 1300 Meter Seehöhe und ist ein beliebtes Souvenir.

„Es ist nicht nur der Wein, der unsere Gegend ausmacht", betont der Gärtner. „Der Reichtum der Landschaft liegt seit jeher in der Kombination und Vielfalt." Das Weingartenklima ist auch ideal für die Marille oder den Safran, der derzeit eine Renaissance erfährt. Die Klöster, die hier früher ihre Lesehöfe hatten, verfügten über botanisches Wissen und Zugang zu seltenen Pflanzen. Die Winzer lieferten den Großteil ihrer Ernte an die Klöster ab, alles, was zwischen den Weinreben wuchs, durften sie behalten. So gab es im Weingarten Pfirsich-, Marillen- und Mandelbäume, Edelkastanien, Knoblauch und Kren. Später mussten die Beipflanzungen den Traktoren Platz machen. Geht es nach Stefan Hick, wird es bald wieder mehr dieser Flecken geben, die im Frühling mit einem Meer aus rosa-weißen Pfirsich-, Mandel- und Marillenblüten bezaubern.

Gärtnerei Hick
3610 Weißenkirchen 191
Tel.: 02715/2291
www.hick.cc

Wachauer Safran Manufaktur
im Bahnhof Dürnstein
3601 Dürnstein 76
www.wachauer-safran.at

Stefan Hicks Lieblingsplatz:

Burg Oberranna in Mühldorf

Info:

Nahe Spitz thront die im 12. Jahrhundert erbaute Burg mit ihrer Wehrkirche an den steil abfallenden Hängen des Mühltals. Heute beherbergt die behutsam renovierte Burg ein romantisches Hotel und eine Burgschenke. Sie ist ein beliebter Ort für Hochzeiten. Die Kirche zum hl. Georg ist unüblich groß für eine Burgkapelle und gilt als besonderer Kraftplatz.

Die Burg Oberranna gehört zu den bemerkenswertesten Baudenkmälern Österreichs. Kleine Burg, große Kirche – die einzigartige Kombination spricht dafür, dass hier einst die Wehrkirche die Funktion des Bergfrieds wahrnehmen musste. Besonders sehenswert sind die Fresken, das archaische Innere des – in seiner Anlage einmaligen – Gotteshauses und die Krypta mit dem berühmten Würfelkapitell.

Burg Oberranna
in Mühldorf

Karl Holzapfel bewirtschaftet den Prandtauerhof

Das Ensemble sticht ins Auge: ein stattliches Haus mit auffälliger Malerei, vier behäbigen Flügeln und einem massiven Portal, durch das man einen Innenhof betritt, der mit zweigeschossigen Arkaden eine fast mediterrane Atmosphäre verbreitet. Vor fast 700 Jahren ließen die St. Pöltner Chorherren diesen Zehenthof erbauen, sie engagierten dafür den berühmtesten Baumeister ihrer Zeit: Jakob Prandtauer.

Prandtauerhof

Als der Vater von Karl Holzapfel 1967 den Prandtauerhof kaufte, glich er einer Ruine, die Arkaden zugemauert, das Mauerwerk verfallen. Mit Liebe zum Detail wurde alles neu aufgebaut. Heute waltet hier die Familie Holzapfel, Karl bewirtschaftet als innovativer Winzer 14 Hektar Rebfläche, seine Frau Barbara ist für die Küche zuständig. „Wir versuchen, unserer historischen Aufgabe gerecht zu werden, wir wollen kein Museum sein, sondern weiterhin ein Ort des Genusses, wo Weine vinifiziert werden, wo Schnaps gebrannt wird, wo man fröhliche Feste feiert", erklärt Karl Holzapfel.

In der stimmungsvollen Hauskapelle finden Hochzeiten und Taufen statt, Hochprozentiges von Marille, Williamsbirne, Quitte und schwarzer Ribisel wird im mittelalterlichen Wirtschaftskeller destilliert. Im Gutshofrestaurant kann man nicht nur ausgezeichnete Wachauer Spezialitäten von der Haussulz bis zur Saumaise genießen, sondern auch kulinarische Mitbringsel erstehen: Marillensenf, Weingartenkräutersalz, Essigmarillen und natürlich auch den hervorragenden Wein.

Restaurant und Weingut Holzapfel
Prandtauerplatz 36
3610 Joching
www.holzapfel.at

Weinried
bei Weißenkirchen

Karl Holzapfels Lieblingsplatz: **die Ried Postaller**

> **Info:**
> *Ein schöner Weinrieden-Spaziergang führt*
> *in Weißenkirchen über die Burgstiege in der Bachgasse*
> *hinauf zum Burgviertel, einer der ältesten Siedlungen*
> *der Wachau mit gotischen Lesehöfen und Heurigen.*
> *Übers Lichtgartl gelangt man zu bekannten Weinrieden*
> *wie der Ried Ritzling, und rechts hinauf*
> *zur Ried Postaller. Vorbei an der Ried Kollmitz*
> *geht es wieder hinunter nach Wösendorf und Joching.*

Oberhalb von Weißenkirchen erstreckt sich die größte ge-schlossene Weinbaufläche der Wachau. Gneis, Marmor, Granit und andere Mineralien prägen das Gelände, verwit-terte Urgesteinsböden wechseln sich mit kleinen Lößinseln und sandigen Böden ab. Das alles sorgt für die charakteristi-schen, ausdrucksstarken Weine der Wachau. Die Ried Postaller ist eine späte Lage, hier wächst beispielsweise der kräftige Weißburgunder, den Karl Holzapfel im kleinen Holzfass vinifiziert.

Bernd Pulker ist Heurigenwirt
auf der anderen Seite

Auf der rechten Donauseite geht es etwas ruhiger und verträumter zu, aber keineswegs weniger reizvoll.

Von Anfang März bis 1. November hängt Bernd Pulker in Rührsdorf Tag für Tag sein Strohrad vor den Heurigen. Das geflochtene Strohrad symbolisiert die Sonne, die für manche wohl dann aufgeht, wenn die Buschenschank ausg'steckt hat.

Pulker's Heuriger

Bernd Pulker

Der ambitionierte Wirt kommt aus der gehobenen Gastronomie, hat bei Lisl Wagner-Bacher gelernt und im Steirereck wie auf der Hospizalm gekocht. Dann fuhr er eines Tages durch Rossatz, sah das Zu-verkaufen-Schild auf dem Heurigen und wusste: Das ist es.

Seit 14 Jahren ist er nun mit ganzer Leidenschaft Heurigenwirt, beim Weinbau unterstützt ihn sein Kellermeister. Seine – traditionell kalte – Buschenschankküche ist über die Wachau hinaus bekannt, alle Zutaten für die Spezialitäten von Blunzn bis Bratl, von Gabelbissen bis Aufstrichbrot stammen von den Bauern der Umgebung und sind von ausgesuchter Qualität. Der Heurige ist urig und klein, der Weinkeller bestens gefüllt und der malerische Garten mit der Laube in den Weinbergen hinterm Haus Idylle pur. Prominente Politiker treffen hier auf weinkundige Feinschmecker, daneben sitzen Traktorfahrer in Gummistiefeln am Bauernstammtisch. Und wenn das Haus voll ist, wird eben zusammengerückt. Bernd Pulker erklärt es so: „Du bist hier beim Heurigen. Das heißt nicht, dass es schlechter, schlampiger oder unfreundlicher zugeht als in einem Restaurant, aber gemütlicher."

Pulker's Heuriger
Rührsdorfer Kellergasse
3602 Rührsdorf
www.pulkers.at

Bernd Pulkers Lieblingsplatz:
die Panoramaaussicht Rossatz

Mitten in den Weinbergen kann man hier den Blick stundenlang schweifen lassen, den Donauschiffen zuschauen, Ruhe, Stille und Waldluft genießen. Die Infotafel der Panoramaaussicht erklärt, was man am gegenüberliegenden Ufer sieht: etwa die Ruine Dürnstein, wo einst Richard Löwenherz gefangen war, die elegante weiß-blaue Stiftskirche, weiter rechts das Franzosendenkmal und ganz hinten die Dächer von Krems.

Blick von Rossatz
aus nach Dünstein

Barbara Schmidl und
die Wachauer Laberl

Dürnstein bringt die Wachau auf den Punkt: Kuenringer-Ruinen und barocke Bauten, Wein und Wachauer Laberl. Das resche Gebäck wird mitten in der Altstadt, wo sich die Häuser dicht aneinanderschmiegen, nach einem gut gehüteten Geheimrezept gebacken.

1815 übersiedelte die 1780 gegründete Bäckerei in das alte Schiffsmeisterhaus unter dem Dürnsteiner Burgfelsen. Barbara Schmidl ist in dem Familienbetrieb groß geworden,

Dürnstein

heute leitet sie ihn mit viel Engagement und Stolz auf die Handarbeit, die Qualität, die Nachvollziehbarkeit aller Zutaten. Ihr Mehl kommt fast zu 100 Prozent aus Niederösterreich, Kümmel und Mohn stammen von Waldviertler Bauern, die Walnüsse bringen Frauen aus der Umgebung.

Kurz nach Mitternacht geht in der Backstube das Licht an, um 4 Uhr früh startet der erste Wienfahrer mit seiner frischen Ladung.

Für Barbara Schmidl ist es wichtig, dass das Wachauer Laberl heute noch dort gebacken wird, wo es erfunden wurde. Fritz Schmidl unternahm 1905 eine Reise mit den Wiener Sängerknaben und kam sehr angetan vom französischen Baguette zurück. Von seinem Bruder Rudolf, Barbara Schmidls Ururgroßvater, wünschte er sich genau so etwas: ein Gebäck ohne Gewürze, außen knusprig, innen weich. Die Erfindung wurde Teil der Wachauer Identität, beim Original ist auf der Unterseite ein S eingebacken.

Barbara Schmidl meint lachend: Wir essen das Wachauer Laberl in der Früh mit Marillenmarmelade, mittags zum Gulasch und abends beim Heurigen zum Wein.

Bäckerei & Konfiserie Schmidl
3601 Dürnstein 21
Tel.: +43 2711/224
www.schmidl-duernstein.at

Franzosendenkmal
bei Dürnstein

Barbara Schmidls Lieblingsplatz:
der Dürnsteiner Kuhberg

Info:

Von Dürnstein führt der Weg beim Stadttor links hinauf und durch den Wald weiter zum Kuhberg. Von hier kann man entweder den Ruinenweg bergauf nehmen oder weiter zum Kellerberg wandern, von wo aus man zum Kellerschlössel der Domäne Wachau und zum Franzosendenkmal kommt. Der reizvolle Weg über den Kuhberg bietet großartige Ausblicke auf die Ruine, über die Weingärten und das Donautal.

Der Spaziergang auf den Dürnsteiner Kuhberg ist für die ganze Familie geeignet, es gibt schöne Picknickplätze und viel zu entdecken: von weidenden Schafen über kleine Kletter- und Kraxelfelsen bis zu Katzensilber, glitzernden Steinen, am Weg. Ein einzigartiges botanisches Schauspiel findet hier jedes Jahr im Frühling statt, wenn die seltenen Kuhschellen, die hier zu Hunderten blühen, einen violetten Blütenteppich bilden.

Christine Saahs ist
die gute Seele des Nikolaihofs

Gleich nach der Donaubrücke liegt linker Hand in Mautern der Nikolaihof, das älteste Weingut Österreichs. Durch einen steinernen Rundbogen betritt man einen magischen Ort, in dem 2000 Jahre Weingeschichte, römische Mauern, eine Kirche und eine hundertjährige Kaiserlinde eine einzigartige Kulisse für schöne Stunden bilden.

Wenn Christine Saahs die Geschichte ihres Hauses erzählt, beginnt sie im 1. Jahrhundert beim römischen Kastell Favia-

Keller des
Weinguts Nikolaihof

nis und dem heiligen Severin, spricht über die frühchristliche Agapitus-Basilika und streift Kriemhild aus dem Nibelungenlied. Sie selbst kam 1971 durch die Heirat mit ihrem Mann Nikolaus auf den Nikolaihof und zum Wein.

Die beherzte Winzerin und begnadete Köchin schwärmt: „Die Wachau ist das beste Weinbaugebiet der Welt, weil sie zwischen Wald und Donau liegt und die starken Temperaturunterschiede zwischen Tag und Nacht, Sommer und Winter für fruchtige Säure und würziges Aroma sorgen."

Sehr früh erfolgte am Nikolaihof die Umstellung auf biodynamische Bewirtschaftung. Die Kombination aus Tradition und strengen Demeter-Richtlinien wurde so lange belächelt, bis erstmals ein österreichischer Wein mit der Höchstbewertung von 100 Parker-Punkten ausgezeichnet wurde: ein trockener, 17 Jahre im Holzfass gelagerter Riesling vom Nikolaihof.

Das Restaurant am Nikolaihof serviert zu den großartigen Weinen eine hinreißende Küche, biologisch und regional. Küche und Weine lassen einen umfassend in die Thematik der Wachau hineinschnuppern. Wie gut, dass es dazu auch ein Gästehaus und Köstlichkeiten zum Mitnehmen gibt.

Weingut Nikolaihof
Nikolaigasse 3
3512 Mautern an der Donau
www.nikolaihof.at

Christine Saahs' Lieblingsplatz: **die Ferdinandswarte**

Info:

*Die Aussichtswarte im Dunkelsteinerwald
erreicht man über den Stickelsteig von Rossatzbach aus.
Die idyllische Wanderung dauert etwa 1,5 Stunden und
ist mitunter recht fordernd. Wer es bequemer will,
spaziert eine halbe Stunde aus dem Ort Unterbergern
über den waldigen Welterbesteig hinauf zur Aussichtswarte.
Hier kann man auch mit dem Auto bis wenige hundert
Meter vor die Warte fahren.*

Der aussichtsreiche Platz auf einem steilen Felsen über der Donau macht die Ferdinandswarte zur Loge der Wachau. Bei der Jagd entdeckte einst Erzherzog Ferdinand diese Stelle oberhalb von Mauternbach, ihm zu Ehren wurde 1890 die Warte errichtet. Das kleine Holzhäuschen ist ein idealer Picknickplatz mit großartiger Fernsicht von Rossatz über Dürnstein, Loiben, Stein und Krems bis hin zum Stift Göttweig.

Blick von der Ferdinandswarte
Richtung Dürnstein

Wolfgang Kühn von „Zur Wachauerin"
kennt die Kulturhauptstadt

„Zur Wachauerin" nennt sich die Formation von Autor Wolfgang Kühn und den Musikern Michael Bruckner und Fabian Pollack, die seit rund 15 Jahren Wachau-Musik der etwas anderen Art macht. Die Wachau, ihre Sagen und Mythen werden dabei ein bisschen schräg, wehmütig und weinselig reflektiert.

I lost my heart in der Wachau, where – das weiß ich nicht genau ... bekommt da ein Amerikaner den Wachaublues, das Simandl

Karikaturmuseum Krems

trifft auf das Donauweiberl, die Hunde von Kuenring auf die schlauen Dürnsteiner. Die musikalischen Annäherungen an die Wachau sind liebevoll, witzig und zeitgemäß. Nicht so ernsthaft wie die Wachauer Lieder von Professor Ernst Schandl und nicht so schunkelnd wie das gute alte *Mariandl,* das immer noch allgegenwärtig ist. Immerhin trug das in den 1940er-Jahren gedrehte Nachkriegsmärchen *Hofrat Geiger* enorm zur Popularität der Wachau bei.

Ein besonderes Bewusstsein attestiert der Kulturschaffende Wolfgang Kühn der Region schon, nicht nur bezüglich Tracht und Tradition, auch in Sachen Kunst und Kultur: „Wenn St. Pölten die politische Hauptstadt Niederösterreichs ist, dann ist Krems die Kulturhauptstadt."

Wer in die Wachau kommt, tut gut daran, Veranstaltungskalender zu lesen, musikalisch wird vom Donaufestival über glatt & verkehrt, Imago Dei bis HerbstZeitlos einiges geboten. Und auch in den Museen tut sich viel: neben Karikaturmuseum, Forum Frohner und der Kunsthalle zeigt das Museum Krems Stadtgeschichte, das moderne Kunstmuseum wird 2018 eröffnet.

www.zurwachauerin.at
www.museumkrems.at
www.kunstmuseum.at

Michael Kühns Lieblingsplatz:

St. Michael, die Kirche mit den sieben Hasen

Info:

St. Michael bei Weißenkirchen ist die Mutterkirche der Wachau. Schon im 9. Jahrhundert gab es an dieser Stelle eine Kirche, auf den romanischen Bau folgte im 16. Jahrhundert ein Gotteshaus im spätgotischen Stil, rund um das Ensemble wurde eine imposante Wehranlage errichtet. Heute sind hier Gemälde von Kremser Schmidt, ein barocker Altar und romanische Steinreliefs zu besichtigen.

Sieben Hirsche und Pferde spazieren den Dachfirst der Kirche von St. Michael entlang. Im Volksmund werden sie aber als „die sieben Hasen" bezeichnet. Die Bedeutung der tönernen Figuren ist ungewiss, einer Sage nach brachte ein schneereicher Winter die Hasen aufs Dach, manche sehen in den Tieren den Baumeister Siebenrössl verewigt, andere eine Jagdszene.

Etwas skurril sind auch die Schätze im Karner aus dem Jahr 1395: ein Altar aus Totenköpfen, zwei Sparsärge und mittelalterliche Mumienreste.

Kirche von St. Michael
bei Weißenkirchen

Wachau-Empfehlungen

Wein und Kulinarik

Tradition, Qualität und legendäre Marillenknödel
Weingut und Restaurant Josef Jamek
Josef-Jamek-Straße 45, Joching
www.weingut-jamek.at

Wirtshaus-Institution in der Kremser Altstadt
Gasthaus Jell
Hoher Markt 8–9, Krems
www.amon-jell.at

Großartige Küche, tolle Weine,
gefüllte Rucksäcke für Wanderer
Hofmeisterei Hirtzberger
Wösendorf 74
www.hofmeisterei.at

Traumhafte Donauterrasse, hervorragende Fische
Restaurant Heinzle
Wachaustraße 280, Weißenkirchen
www.heinzle.at

Trockenbeerenauslese trifft feine Regionalküche
Loibnerhof
Unterloiben 7, Dürnstein
www.loibnerhof.at

Hochkreative Küche, fantastische Weinauswahl
Landhaus Bacher
Südtiroler Platz 2, Mautern
www.landhaus-bacher.at

Bilderbuch-Gasthaus
Landgasthof Schickh
Furth bei Göttweig, Klein-Wien
www.schickh.at

Gut essen und angenehm schlafen
im Alten Schiffsmeisterhaus
Gasthof Prankl
Hinterhaus 16, Spitz
www.gasthaus-prankl.at

Winzergenossenschaft und Vinothek
Domäne Wachau
Dürnstein 107
www.domaene-wachau.at

Sonstiges

Spitzer Marillenkirtag
Großes Marillen-Fest am vorletzten Juli-Wochenende
www.spitz-wachau.com

Sehenswertes Spektakel
Sommersonnenwende rund um den 21. Juni
www.donau.com/de/sonnenwende/

Virtueller Kirchenbesuch
Alle Kirchen der Wachau
www.kirchen-am-fluss.at

Die Servus-Familie

Servus ist regional verwurzelt und steht für Werte wie Natürlichkeit, Brauchtum, unvergängliche Schönheit, Lebensfreude, Genuss und das fast vergessene Wissen, in dem unendlich viel Modernität steckt.

ServusTV liefert Kultur, Heimat, Natur, Unterhaltung, Sport und Informationen stets in höchster Qualität – einfach bessere Unterhaltung.

Das **Magazin Servus in Stadt & Land** widmet sich Monat für Monat allen Themen, die das Leben im jahreszeitlichen Rhythmus einfach und schön machen.

Der **Servus Buchverlag** macht in traditioneller Buchmacherkunst die Heimat erlebbar.

Der **Online-Shop Servus am Marktplatz** bietet liebevoll hergestellte regionale Handwerksprodukte.

Die Servus-Familie: Heimat für alle Sinne!